... Il était Un Autre jour.

NOUS... les Autres...

Lydia MONTIGNY

NOUS... LES AUTRES...

... Il était Un Autre jour....

© 2020 Lydia MONTIGNY

Éditeur : BoD-Books on Demand
12-14 rond-point des Champs-Élysées, 75008 Paris
Impression : Books on Demand, Norderstedt, Allemagne

ISBN : 978-2-3222-0346-8

Dépôt légal : Janvier 2020

NOUS, LES AUTRES...

Qui sommes-t-ils ?
Un "je et "tu",
Un jeu impromptu
Un individu
Un « nous » confondu
L'ambigu absolu...

Qui êtes-vous ?
Des anonymes
Aux pseudonymes
Indignes,
Des synonymes
De signes
Des acronymes

Nous, c'est eux
Ils sont toi et moi,
Soit soi

       .../...

…/…

Demain ou autrefois
Tout est là
Tous sommes là
On ne sait pas pourquoi

Nous, les Autres ?
Les autres sont les mêmes
Que nous-mêmes…

Il est d'invisibles mots
Se dessinant la nuit
Sur le velours de mes rêves...
Ils s'envolent le matin
Mais parfois dans ma main
Il reste une lettre
Une toute petite lettre
Que je serre sur mon cœur....

MIROIR...

Il me suit
M'épie sans répit
Sans cesse copie
Mes gestes et ma vie.

De jour ou de nuit
Son silence me dit
D'oublier le "on-dit",
De vivre pour lui...

Si je dors, il dort,
Si je danse, il s'élance,
Et nos pas en cadence
Apprivoisent nos sens.

.../...

…/…

Il dessine ma vie
Sur le tain de son esprit
Et son double me ravie
Avec son reflet d'harmonie…

Je suis sont utopie
Son illusion choisie
Il est mon mirage
A la vie de passage…

LA COMPREHENSION

C'est l'affirmation

de l'autre par rapport à nos connaissances…

Sans ce savoir,

le verbe partager n'existerait pas….

... PAIX...

Elle écrit
Sur un bout de papier
Déchiré
Un nom

Elle entoure
Mot d'Amour
Ce jour
S'appelle Toujours

Elle sourit
De ce qu'elle lit,
Du soleil, de la pluie
Aussi

.../...

…/…

Elle croit
Que le temps est là
Posé sur ta voix
N'est-ce pas ?

Elle a plié
Un bout de papier
Et te l'a donné
Pardon….

DEPOSSESSION

A vouloir tout posséder
Tout régir et gérer
Dans l'espace et le temps,
Dans le moindre élément,
On omet les abysses
Sans fin des hélices
Tournant de malice
A toute étourderie propice.

On oublie les méandres
De ce temps à attendre
D'improbables néants
Du temps oisif saignant
Dans le ruisseau Léthé :
C'est la loi de la gravité...

…/…

…/…

On crée son labyrinthe
Et ses chemins de plaintes,
On se perd en détails
Sur des chemins de bataille,
Pendant que tout s'en va
En nous laissant pantois...

A vouloir perdre ou gagner
Ce temps qui s'échapperait
Simplement il conviendrait
De le prendre, et de l'apprécier...

Devant l'immobilité
Glacée de l'attente,
Le temps se fige,
Se cristallise,
Idéalise,
Puis s'esquive
Devant la volonté,
Le courage,
A croire et se dépasser,
A vouloir jusqu'au bout
Voir son vœu enfin
Se réaliser...

SI LA PEUR...

Quand les jours sont gris
De vent et de pluies
Les cloches raisonnent
Les prières pardonnent
Dans un murmure lourd
De l'hiver qui accourt

Quand les murs se déchaînent
En graffiti de haine
C'est un enfant en peine
Qui repeint de ses veines
Le bonheur innocent
Et ses rires d'antan

Quand la mort se résume
En ruban de bitume
En cages de béton
Et maisons de carton,
L'intelligence animale
Toise l'Homme vénal

.../...

…/…

La peur n'existe pas
A aucun de mes pas ;
Si mon cœur est limpide
Ma vie devient fluide,
Et sous le soleil en exil,
L'amour reste mon île…

Il est des silences

où l'essentiel

Se vit,

se comprend,

se partage,

Où l'éternité

devient sage

Et les mots… irréels….

HUMANITÉ

Je crois en l'instant
Où la vague explose
Sur le granit rose,
Puis en retombant
Laissera surgir
Des étoiles, des saphirs

Je crois à la course
Du lion dans la brousse,
Au singe malin
Grimpant au tamarin,
Au saut de la gazelle,
Au vol de l'hirondelle

Je crois en la pluie
Au jour et la nuit,
A la source du bonheur
Au chant de ces fleurs
Au vent, à la bruine,
En la neige divine

                                       .../...

…/…

Je crois aussi en toi
Sans comment ni pourquoi,
Aux enfants qui viendront
Et nous souriront
Et nous sourirons…
Alors nous croirons
En l'amour de la Vie
En l'amour et en toi, aussi…

Il n'y a

aucune erreur

Puisque

tu es là...

ECRIS-MOI

Écris-moi
A l'endroit
A l'envers
De travers

Écris-moi
Sur le bois
Sur la pierre
Sur la mer

Écris-moi
Promptement
Lentement
Tendrement

.../...

…/…

Écris-moi
De n'importe où
D'ailleurs
De nulle part

Écris-moi
Du bout de tes doigts
Je te lirai avec mon cœur...

JE N'OUBLIERAI PAS

Je n'oublierai rien
Le temps le sait bien...

Je n'inventerai pas
La couleur des mots
La douceur de l'eau,
La chance d'un numéro,
L'éclat d'un joyau...
Je n'oublierai pas
Ton profond regard
Et tu seras là
Si le temps est quelque part...

LE SILENCE

Tu es silencieux...
Comme un vide vertigineux,
Incroyablement intense,
Une invisible existence...
Il fait peur ou apaise
Il est de glace ou de braise.

Ton silence aux reflets or
Tatoue sur mon corps
La douceur de l'aurore
Et ce mot qui me mord

Le silence entre nous
Est encore nous
Telle une muette adoration
Une complice passion

.../...

…/…

Alors au bord de moi-même,
L'espace d'un sourire,
Je t'inventerai ce poème
Pour en silence, te l'offrir…

QU'EST-CE QU'ECRIRE ?

Ma plume ...

C'est une ballerine
Qui pose ses pointes
Sur le sol en souriant
Sur les mots
Sur les notes
Sur la musique
De la Vie...

DU BOUT DES DOIGTS

Sur le bureau d'écolier
Le livre est ouvert
Et de son doigt appuyé,
L'enfant lit les mots découverts

Dans le ciel étoilé
L'astronaute a pointé
Son doigt vers l'univers
Puis un jour, vers la Terre

Au milieu de la foule
Ton doigt m'a désigné...
Même si le monde d'écroule
Nos doigts resteront croisés...

Comme un ruban que l'on noue
La première fois qu'on se dit Vous,
Un autre que l'on dénoue
Au premier rendez-vous,
Un ruban bijou
Autour du cou,
En satin filou
Glissant tout à coup,
A la cheville, jaloux,
Comme un ruban sans tabou
Tout devient fou,
Avoue....

VISAGE

Qui connait ce visage ?
Tu le dévisages,
Tu cherches son âge
Parfois son métissage…

Tu aimes cette image
Comme un doux paysage
Et t'échoues sur le rivage
De ce rêve de passage…

Tu ignores son langage,
Sa vie, son héritage,
Tous ses vagabondages
Et peut-être davantage…

…/…

…/…

Sa peau de coloriages
Devient des écorchages,
Des risées se propagent
En de tristes présages

Connais-tu ce visage
Son regard, son message,
En lisant cette page
Dans l'encre de son tatouage ?

Renoncer à regarder en arrière
C'est faire un pas en avant…

Mais renoncer à faire un pas en avant
C'est revenir en arrière…

LA DANSE DU VENT

Je parle avec le vent
Dans le désert du temps
Et j'entends les vagues
De mon inconscient.

J'écris sur le temps
Et le désordre du vent
Mais les mots s'éparpillent
Comme des papillons blancs.

Je me tais et j'attends
Le soupir du vent
Et danse avec le temps
Sur ton sourire troublant...

LE MIROIR ET LE DOS

Il est là,
Devant moi,
Fier et froid,
Impeccablement droit,
Immobile,
Presque hostile,
Au silence glaçant,
Le regard transperçant...

Je reste debout
Fixant jusqu'au bout
L'image de mon image,
La face de ce visage,
Sans un battement de cil
Pour qu'il ne se défile...

.../...

…/…

Je respire plus fort
En détaillant ce corps
Avec l'angoisse soudain
Qu'il ne manque une main...
Ce n'est pas une main
Qui a disparu sous le tain,
Mais mon verso
Mon revers... mon dos...

Existe-t-il encore ?
Alors je me tords
Me contorsionne,
Mon dos n'est à personne
Et me tourne le dos !
L'invisible n'est pas faux,
C'est le ciel de l'imagination.
Alors avec discrétion,
Du bout des doigts
Dis-moi…

…/…

…/…

Dans tes yeux où je me noie
La vérité sera,
Car le miroir ne sait pas
Si mon dos est là,
Toujours là…
Dis-moi…

A quoi bon faire

Mille fois le tour du Monde…

Pour revenir à son point de départ…

LETTRE DE NOEL

J'ai écrit au Père Noël
De mon écriture la plus belle :

"J'aimerais que les sapins
Ne soient plus coupés en vain
Qu'on les laisse grandir
En les regardant se couvrir
De cette neige qui étincelle
Ou de battements d'ailes...

J'aimerais que les cadeaux
Tombent du traîneau
Et qu'au printemps suivant
Pousse ce qu'il y avait dedans,
Flottent de beaux bateaux blancs,
Se colorent les rêves d'enfant....

.../...

…/…

Pourquoi ne pas faire une ronde
Tout autour du monde,
Chanter et s'émerveiller
De la magie étoilée,
Du présent délicieux
Qui fait briller nos yeux…

J'aimerais, cher Père Noël,
Que devant chaque demeure
S'allume une chandelle
En symbole d'espoir
De joie et de bonheur
Pour ceux qui vous attendent ce soir »…

CHANGEMENT CLIMATIQUE

La machine arrive,
Impitoyable dérive,
Emportant le temps,
Le monde d'antan,
En nous laissant
Ebahis, impuissants...

Le soleil inondera
Glaciers et sierras,
Et les plaines où poussaient
Cultures ou forêts.
Les fleuves s'assècheront
En aval, en amont...

Le désert avancera
Plus vite que nos pas
Irrémédiablement,
Diaboliquement,
Terrassant en sifflant
Notre numérique hilarant

       .../...

…/…

La machine infernale
N'a pas de morale
Et sa venue fait scandale
Sur notre vie animale ;
Qui l'a créée de toutes pièces
Pour tuer toutes les espèces ?

Notre Terre et nos cieux
Attendent que nos vœux
Se réalisent un matin
Comme un miracle soudain !
L'intelligence humaine
Dans la démesure de son règne,
Plutôt que de s'y complaire,
Devrait garder en vie notre Terre…

La Vie est comme un miroir :

Un grand « face à face »

Où le dos à dos n'a pas de place

Ni de sens…

Tâchons de regarder devant,

Côte à côte…

BLEU

Le bleu est partout
Magnifiquement fou
Depuis la nuit des temps
Et même bien avant…

On le cueille dans les fleurs,
Sur les papillons porte-bonheur,
Sur les plumes des oiseaux,
Dans les pierres, dans l'eau…

Ses noms font voyager
De la mer si foncée
Au bleu ciel si clair,
Passant de l'outremer
Au turquoise bleu-vert,
Il harmonise ces vers…

                         …/…

…/…

Le bleu d'Alexandrie
Deviendra Egyptien,
Et ce cher lapis Lazulli
Croisera le bleu de cyan

Les feuilles de guède firent
Un bel indigo foncé
Et les bleus de cobalt se mirent
Dans les yeux d'un Van Gogh, hanté

Le céruléum était céleste
Et l'azurium médiéval d'un geste
Bleuissait l'horizon
Tel un « blue devils » anglo-saxon

Le soir traîne un blues musical
Barbeau sur un spleen sentimental,
Un bleu de calme et de paix
Sur un monde de sérénité….

ICOSAGONE

Imaginons qu'un matin
Tout soit transformé
Et qu'un vœu formulé
Se réalise soudain !

La Terre serait carrée
Ce qui amuserait
Les âmes vagabondes
Des quatre coins du monde

Le soleil en prisme gracieux
Offrirait ses rayons
Au point de non-retour
Sur la ligne de l'amour

.../...

…/…

Il ferait des ronds dans l'eau
Visant le point zéro,
Et les Bermudes en triangle
Tintinnabuleraient « Jingle »

Les parallèles et méridiens
Seraient des totems indiens
Et leurs rondes musicales
Se liraient en diagonale

Imaginons un monde ailleurs,
Un icosagone de bonheur
Une bulle magique d'espoir
Qui volerait dans ton regard…

La mer efface

Chaque fois nos traces

Gardant dans son bleu éternel

Cette vie temporelle...

ALCATRAZ

Le temps coche les cases
Des années qui passent
Et doucement efface
Nos rêves fugaces...

Pourtant je veux croire
A cette lueur d'espoir,
Croire encore que la vie
Est là quand tu souris,
Quand je m'accroche encore
Sur ce rocher dans l'aurore,
Comme un défi à mon rêve
Quand la brume se lève.

Je deviens cet oiseau
Calme, observant l'eau,
Imaginant ton nom
Ecrit sur la quiétude
Du vent en altitude...

.../...

.../...

Le temps porte les phrases,
Mon rêve en extase,
Et mon cœur s'embrase
Évadé d'Alcatraz...

Etre ici

Ou ailleurs

N'a aucune importance

Pourvu que

L'espace comprenne...

LE TEMPS GLISSE

Le temps glisse

D'humeur dévastatrice,
Entre le bonheur complice
Et la douleur de l'abysse,
Fugitif ou fugace,
Furtif ou perspicace,
Il rôde, et enrôle,
Quand ses pas nous frôlent...

Le temps glisse

Dans le moindre interstice
La douceur d'un caprice,
La joie consolatrice
D'un mot, d'une parole,
D'une espérance folle
Naissant dans le fragile
Espace de temps subtil...

.../...

…/…

Le temps glisse

Lissant la cicatrice
D'un éphémère délice,
D'un éternel sourire
D'une sage blandice…
Restera l'intact souvenir
De ton cœur qui s'éclipse
Vers une éternelle idylle…

L'HUMILITÉ

Ce n'est pas un Art
Ecrit quelque part,
Ni une raison d'être
Qu'on peut se permettre...

Elle s'approche un jour,
S'apprivoise comme l'amour,
Se nourrit de la Vie,
Des bonheurs, des ennuis,
Et c'est en grandissant
Qu'elle s'encre doucement
Dans l'esprit, dans le sang,
Nous enseignant le présent,
Ce qu'il nous reste à apprendre,
Le chemin qu'il faut prendre,
Celui à parcourir, plus loin...

.../...

…/…

Elle est dans ta main
Au milieu de ce monde
Des hommes, des ondes,
Des cieux, de l'Univers,
Minuscule lumière,
Elle propage sa modestie
Dans cette Vie...

Dans l'Absence

Il y a ce gigantesque vide,

Impressionnant de silence,

Que l'on remplit de sentiment

Pour la rendre supportable

UNE ERREUR...

Au milieu de nul part
Où les mots se font rares,
La paix vit sans hasard,
Le ciel se fait si tard,
Ondulant les collines,
Paradis que butinent
Les abeilles du bonheur.
Le temps est une erreur...

Dans la chambre endormie,
Le sommeil sur le lit
Laisse danser la brise
Et les volets se grisent
Du parfum de ces fleurs,
Même le soleil demeure
Discrètement sans heure...
Le bruit est une erreur...

.../...

.../...

Au cœur de cette nuit
Mon cri s'enfuit en pluie
Ruisselant sur minuit,
Mes rêves infinis,
Ta vie qui me sourit...
Ton absence s'évanouit
Enfin dans l'inouï "oui"
Tu n'es pas une erreur...

LE BONHEUR

Il arrive anodin
Sans prévenir de rien,
Ce joyeux baladin
Te prend par la main...

Imprévu, apparu,
Dans ton cœur absolu
Il s'émerveille d'aimer,
De te faire chavirer...

Il peint l'invisible
Sur ton âme sensible,
Indocile et subtil
Telle l'étincelle fragile...

.../...

…/…

Le bonheur est là
Immense et délicat,
Mais tu ne peux rien en exiger
Il vit en Liberté….

QUEL JOUR SOMMES-NOUS ?

Demain, elle partira,
Avec ses peines,
Avec ses joies,
Ses chants de sirènes
Qu'on laisse derrière soi...

Elle s'en ira,
Seule dans le froid,
Tu ne la retiendras pas
Mais ne l'oublieras pas...

Demain, tu attendras
La seconde qui l'exterminera
Et tout s'achèvera...
Une nouvelle année explosera !...

Si j'avais dû mettre bout à bout,
tous ces morceaux de phrases,
ces idées,
ces mots étranges,
subtils,
drôles,
inattendus,
nouveaux,
insaisissables,
inventés...

Je crois que j'aurais fait

le tour de la Terre....

OU SONT LES SONS ?

Où sont les sons,
Des doux sons
Du diapason
Donnant le "la"
Deci delà ?...

Où sont les ponts
Gracieux et longs
Les tourbillons
De papillons ?...

Où sont les bons
Bonbons tout ronds
Fondant d'un bond
Pas furibonds ?...

Où sont les tons
Les tons sur tons
Les sons s'en vont
A petit patapon....

Le Courage

Ignore

La Prudence...

DEVENIR...

Ne pleure pas
Relève-toi
Redresse-toi
Bien droit

Va là-bas
Ne te retourne pas
Ne t'arrête pas
Elle t'attendra

Prends sa main
Sois le magicien
Dénouant les liens
Ses poings dans les tiens

Ne dis rien
Le cœur est le musicien
De la Vie, elle t'appartient...
Elle le sait bien...

LE COURAGE

Aller au bout de soi
Plus loin qu'on ne le croit,
Ne renoncer à rien
Quel que soit le chemin...

Quel est donc ce héros,
Cet invisible ami
Amoureux de la Vie,
Lumière de son écho ?

Il osera risquer
L'impossible, le défier,
Ignorant son retour
A jamais... Pour toujours...

La peur ne quitte pas
L'ombre de ses pas,
Et vient danser le soir
Feignant le désespoir

                                              .../...

…/…

La détermination
Bravera les souffrances
Et jamais l'abandon
Ne saura ce qu'il pense

Si la faiblesse existe
La volonté insiste,
L'exigence persiste,
La folie se désiste.

Chaque raison d'y croire
Fait grandir l'espoir !
Le courage est l'Honneur
De la vie qui demeure…

HISTOIRE DANS LE MATIN

J'ai écrit une histoire
Et tous ces mots sont nés
Pleins de vie et d'espoir,
Avec ces doux reflets
Que l'on voit le matin
Posés sur le jardin,
Ces parfums délicats
De roses et sobralias,
Ces joyeux chants d'oiseaux,
Le son des gouttes d'eau...
Et les mots se sont tus,
Émus, perdus, absolus
Sur la plage de tes yeux
Sur ta page, heureux...
Une histoire, un matin
De ta vie... enfin...

Dis-moi
De chanter à l'envers
La chanson d'Hier
Celle que tu écrivais
D'un trait de lumière
Au creux de ma main
Au creux du satin
D'un alexandrin
S'étirant vers demain

Dis-moi
De revoir tous les films
D'Edison à Chaplin
De Bambi à H. Quinn
Des histoires sublimes
Ou de sombres abîmes
Que des sages dessinent
A l'encre de chine
Sur une page mutine

.../...

…/…

Dis-moi
De retrouver le temps
Parti à travers champ
La clef entre les dents,
Et riant aux quatre vents…
L'impossible n'existe pas
Quand l'amour s'écrit là
Et se lit sous tes doigts
Dis-moi, je le ferai pour toi…

Du Soleil à la Terre
Du Ciel à la Mer
Du Futur à Hier
Le Silence ne peut rien taire...

TU CROIS...

Tu crois peindre la mer,
Les reflets de lumière
Du soleil à l'aurore,
De la barque qui s'endort,
Tu poses les couleurs
De l'écume qui pleure
Sur les vagues marines,
Les tempêtes opalines
Salant les racines
De la criste marine...
Jamais tu ne peins l'eau,
Juste la couleur des flots...

Tu crois dessiner le ciel,
Un beau soleil de miel
Avec tous les nuages
Où veillent les anges sages,
Et même l'arc en ciel
Quand l'averse ruisselle,

.../...

…/…

Tu dessines sur la nuit
Dans le ciel de l'oubli,
Toutes les étincelles
Des étoiles immortelles...
Jamais tu n'esquisses l'air,
Juste la couleur de l'Univers...

Tu crois écrire le chant
Des oiseaux dans le temps,
D'un émouvant gospel,
Des phrases qui ensorcellent
Comme le spleen du vent
Dans la flute de pan ;
Tu crois écrire en lettres de sang
La folie des sentiments,
Comme un bonheur volé
Dans le rire de l'été...
Jamais tu n'écris l'amour
Juste son rythme avec Toujours...

La mesure de Tout

N'est pas la démesure

De Rien...

LES UNS, LES AUTRES

Les uns pensent comme les autres
Tant le marin que l'astronaute,
L'air et la mer ne sont plus qu'un,
La solitude est à chacun…

Certains vivent dos à dos
Levant toujours le ton plus haut,
Comme un duel existentiel
Dès le lever du soleil

D'autres apprécient le face à face
Pour faire tomber tous les masques
Pour regarder la vérité
Dans les yeux de la sincérité

.../...

…/…

Les uns, les autres, c'est anodin…
Si vous êtes les autres,
La vie ne rime à rien
Alors soyons un, soyons nôtres…

PRENDRE LE TEMPS

Tu peux compter sur lui,
De jour comme de nuit,
Ou bien compter les heures
Sous le signe du bonheur
Et d'autres de mélancolie
Grisant l'abîme de l'ennui.

Tu peux le perdre parfois
Sans savoir vraiment « pourquoi »,
Et tout à coup c'est un « comment »
Se figeant, muet, absent,
A l'assaut d'un contre temps
Qui arriverait juste à temps...

.../...

…/…

Alors j'attends, j'attends cet instant
Où tu liras doucement
Tendrement, en prenant ton temps
Ces quelques mots naissants…
J'attends que le matin
Devienne lumière du temps…

Le temps

ne t'appartient pas...

C'est toi qui lui appartiens...

SUR MESURE

Dans ce monde quadrillé
Découpé, mesuré,
La mesure de tout
N'est démesure de rien.

Tu arpentes les chemins
A pied ou sur tes roues,
En mesurant la chance
De cette vie si dense.

Il y a tant de hauteurs,
D'angles et de longueurs
Que l'on ne peut exclure
D'être outre-mesure.

                                                .../...

…/…

Tu donnes la mesure
Au chant de la nature
Au fur et à mesure
Que l'amour s'y aventure…